나의 첫 번째
행성 이야기

어린이를 위한 태양계의 모든 것

브루스 베츠 지음   조이스 박 옮김

미래주니어

My First Book of Planets by Bruce Betts phD

Copyright © 2020 by Callisto Media, Inc.

All rights reserved.

First Published in English by Rockridge Press, an imprint of Callisto Media, Inc.

This Korean edition was published by Miraejisig publishing company in 2021 by arrangement with Callisto Media Inc.

through KCC(Korea Copyright Center Inc.), Seoul.

이 책은 (주)한국저작권센터(KCC)를 통한 저작권자와의 독점계약으로 (주)도서출판 미래지식에서 출간되었습니다.

저작권법에 의해 한국 내에서 보호를 받는 저작물이므로 무단전재와 복제를 금합니다.

우주를 사랑하고 아끼는

호기심 가득한 어린이들을 위해

그림으로 보는 태양계

태양계 The Solar System

우리는 지구라는 이름의 **행성**에 살고 있어요. 지구는 태양 둘레를 도는데, 이 지구가 움직이는 길을 **궤도**라고 해요.

지구는 **태양계**의 일부예요. 태양계의 중심에는 태양이 있고, 태양 둘레에는 태양을 도는 커다란 물체들이 있어요.

행성은 태양 둘레를 도는 커다란 공 모양의 물체들이에요. 우리 태양계에는 모두 여덟 개의 행성이 있지요.

태양과 가까운 행성 네 개는 수성, 금성, 지구 그리고 화성이에요. 이 행성들은 딛고 설 수 있는 바위와 땅으로 되어 있어요.

수성

지구

금성

화성

태양

실제 비율과 다른 크기와 거리

목성

천왕성

토성

해왕성

태양에서 먼 행성 네 개는 훨씬 더 크답니다. 그래서 **거대 행성**이라고 불러요. 이 행성들은 주로 **기체**로 되어 있어요. 풍선을 부풀어 오르게 하는 게 바로 기체예요. 그래서 이들 행성에서는 딛고 설 수가 없어요. 이 행성들은 목성, 토성, 천왕성, 해왕성이랍니다.

태양 The Sun

태양은 **항성**(붙박이별)이에요. 항성은 뜨겁게 타오르는 기체가 모인 거대한 공이랍니다. 항성들은 우주에 아주 많아요. 밤하늘을 올려다보면 항성 몇 개가 보일 거예요. 항성들은 불보다도 훨씬 더 뜨거워요.

태양은 우리 항성이에요. 그래서 아주 특별하지요. 가까이에서 우리를 따뜻하게 해 주고, 우리에게 빛을 보내 주는 유일한 붙박이별이니까요.

경고 : 절대 태양을 정면으로 응시하지 마세요. 눈을 다칠 수 있어요.

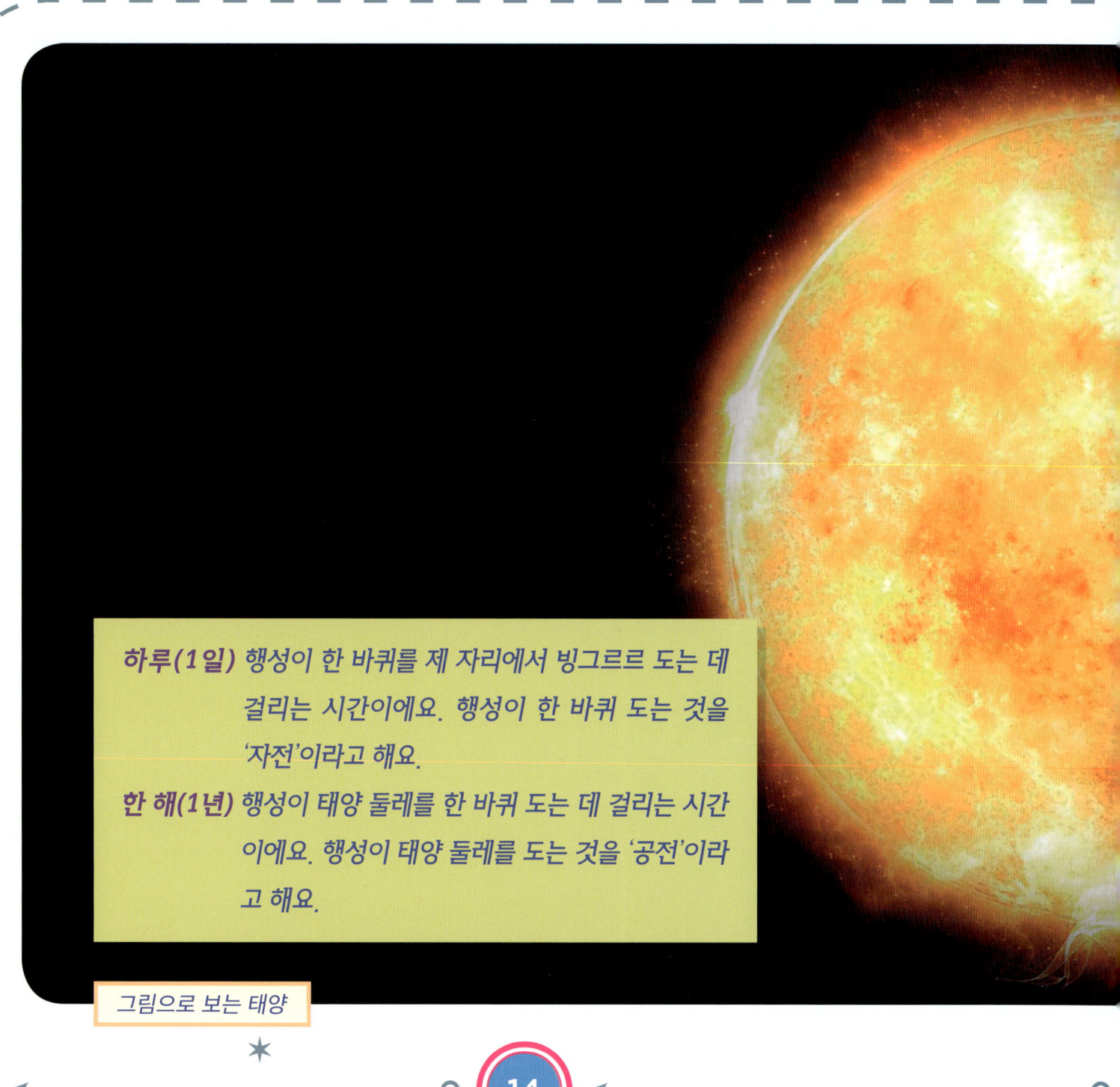

하루(1일) 행성이 한 바퀴를 제 자리에서 빙그르르 도는 데 걸리는 시간이에요. 행성이 한 바퀴 도는 것을 '자전'이라고 해요.

한 해(1년) 행성이 태양 둘레를 한 바퀴 도는 데 걸리는 시간이에요. 행성이 태양 둘레를 도는 것을 '공전'이라고 해요.

그림으로 보는 태양

태양은 엄청나게 커요. 지구가 백 개나 있어도 태양 안에 다 들어갈 거예요. 태양과 비교했을 때 지구의 크기는 코끼리 옆에 생쥐 한 마리를 가져다 둔 것과 같아요.

지구에서 태양까지 거리는 약 1억 5,000만 킬로미터예요. 이건 정말로 먼 거리랍니다!
이 책에서는 다른 행성들이 태양과 얼마나 떨어져 있는지를 지구와 태양 사이의 거리에 빗대어서 설명할 거예요.

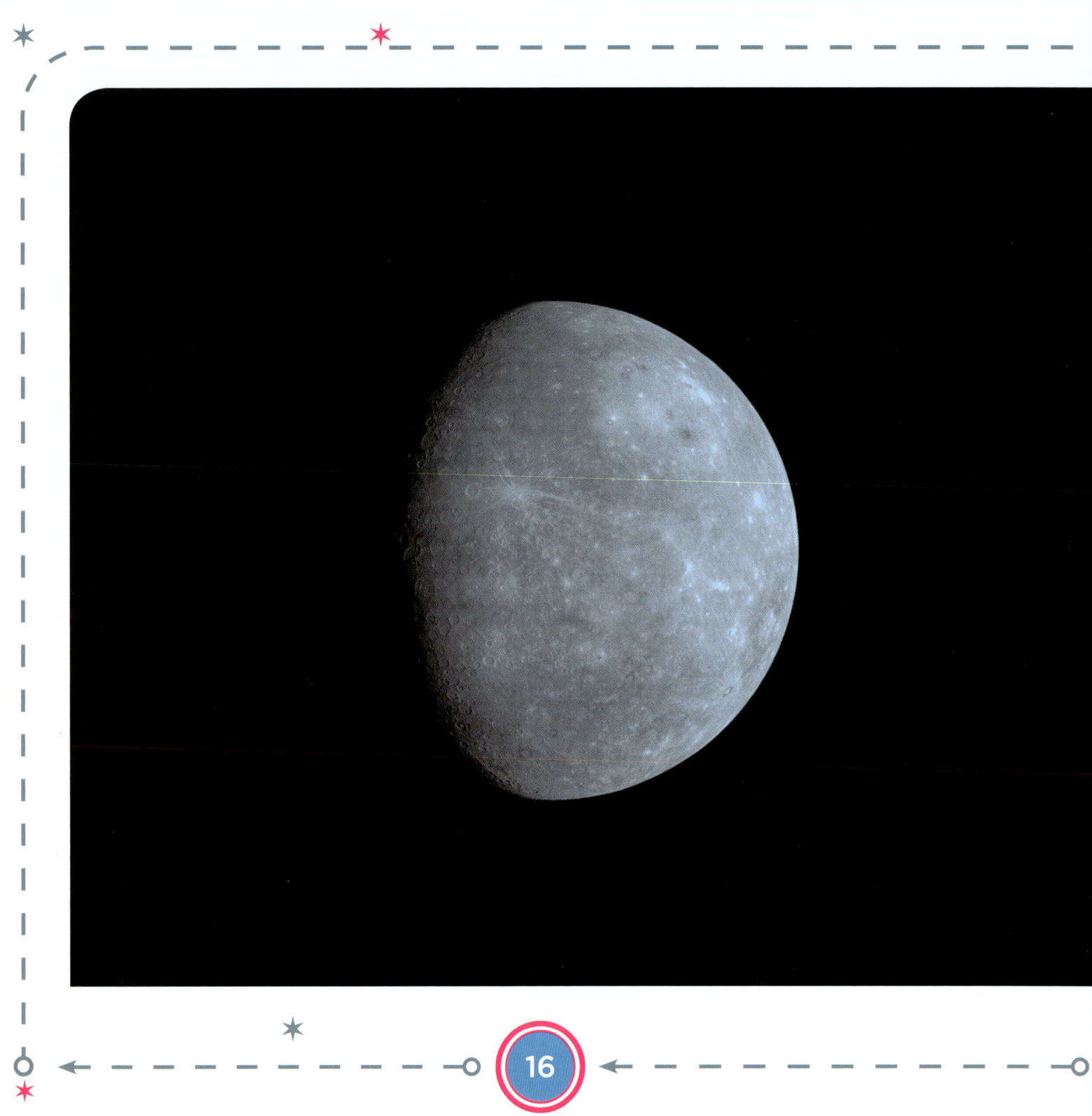

수성 Mercury

수성은 태양에 가장 가깝게 자리한 행성이고 가장 작답니다. 바위투성이 행성이며, 색은 거의 잿빛이에요.

수성에는 행성을 둘러싸고 있는 기체인 **대기**가 거의 없어요. 대기가 있어야 사람, 동물, 식물이 숨을 쉴 수 있어요. 그래서 대기가 없는 수성에서는 아무도 숨을 못 쉰답니다.

낮 동안에 수성의 땅은 빵을 굽는 오븐보다 더 뜨거워져요.

하지만 밤에는 냉동고보다 더 차가워진답니다.

때로는 밤하늘에서 수성을 볼 수 있어요.

아주 밝게 빛나는 별이에요.

크기 수성 18개 정도가 지구 안에 들어갈 수 있어요.
태양까지 거리 지구와 태양 간 거리의 절반도 안 돼요.
달 달이 없어요.

수성은 대접처럼 생긴 **충돌구**로 가득 차 있어요. 충돌구는 운석이 우주를 아주 빠르게 날아다니다가 땅에 부딪히면서 생기는 움푹 팬 자국들이에요.

금성 Venus

금성은 태양에서부터 두 번째에 있는 행성으로, 지구보다 약간 작아요. 표면, 그러니까 땅은 단단한 바위들로 이루어져 있어요.

금성은 지구와 반대 방향으로 자전을 해요. 금성의 대기권은 담요를 덮은 것처럼 내내 따뜻해요. 하지만 땅은 아주 뜨겁답니다. 밤이고 낮이고 계속 뜨거운 상태이지요.

금성의 표면은 빵 굽는 오븐보다 더 뜨거워요.

금성에는 구름이 많아요. 금성에 서 있으면 구름에 가려서 태양이 보이지 않을 거예요.

때때로 밤하늘에서 금성을 볼 수 있어요. 하늘에서 가장 밝게 보이는 별이 바로 금성이에요.

크기 지구보다 약간 작아요.
태양까지 거리 지구와 태양 간 거리의 절반에 조금 더 거리를 보태요.
달 달이 없어요.

탄산음료 속 거품과 같은 기체가 금성의 대기 중 많은 부분을 구성하고 있어요.

지구 Earth

지구는 태양에서부터 세 번째에 있는 행성이에요. 우리의 행성이고 고향이지요. 우리는 암석으로 된 네 개의 행성 중 가장 큰 행성에 살고 있어요.

지구가 태양 둘레를 한 바퀴 도는 데는 일 년이 걸려요.

여러분은 지금 몇 살인가요? 여러분은 자신의 나이만큼 태양 둘레를 돌았답니다.

지구는 대부분 바다로 덮여 있어요.
우주에서 보면 지구는 바다와 구름 때문에 아주 파랗게 보여요.

지구는 아주 특별해요. 우리가 아는 행성 중 생명이 있는 유일한 곳이니까요. 지구에 사는 생명에는 식물과 동물이 있어요. 물론 사람도 포함되지요!

사람은 물을 마셔야 해요. 살아 있는 모든 것은 물이 필요해요. 태양계에서 지구는 사람이 마음 놓고 마실 수 있는 물이 있는 유일한 곳이에요. 그래서 지구는 생명이 살기에 완벽한 곳이랍니다.

크기 반경은 약 6,400km예요.
태양까지 거리 약 1억 5,000만 km예요.
달 하나 있어요.

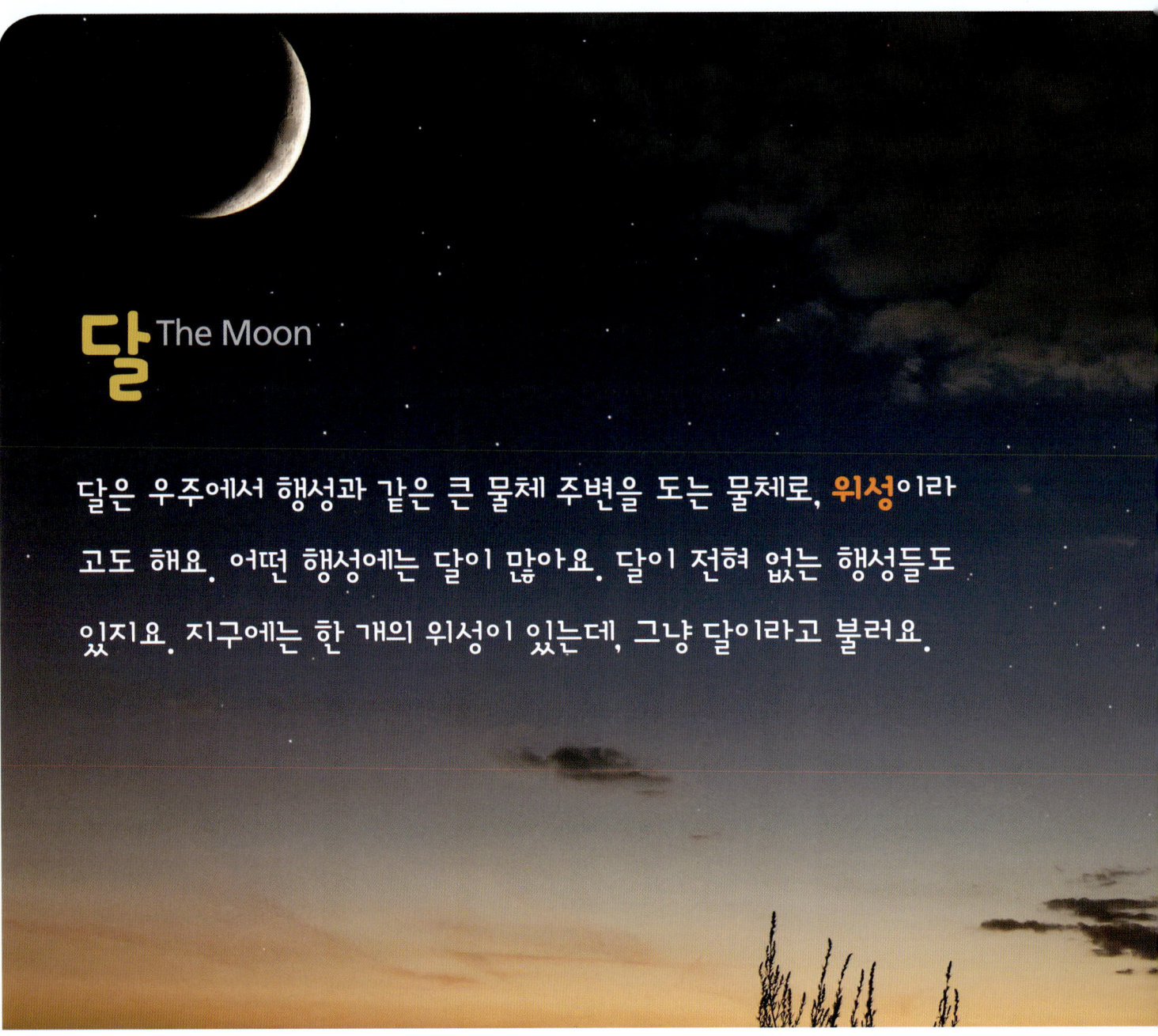

달 The Moon

달은 우주에서 행성과 같은 큰 물체 주변을 도는 물체로, **위성**이라고도 해요. 어떤 행성에는 달이 많아요. 달이 전혀 없는 행성들도 있지요. 지구에는 한 개의 위성이 있는데, 그냥 달이라고 불러요.

달은 지구 둘레를 돌아요. 지구와 함께 태양 둘레도 돈답니다.
달은 밤하늘에서 쉽게 볼 수 있어요.
때로는 낮에 보이기도 해요.

지구에서는 늘 달의 한쪽 면만 보여요.

때로는 달 전체가 태양의 빛을 받아 그 모습이 환하게 다 보여요. 우리는 이런 달을 '보름달'이라고 불러요. 또 다른 때는 일부는 밝고 일부는 어둡게 보여요. 밝은 부분이 달에서의 낮 시간이고, 어두운 부분이 달에서의 밤 시간이에요.

달이 테니스공만 하다고 생각하면, 지구는 농구공보다 조금 더 큰 크기라고 할 수 있어요.

태양계에서 사람이 직접 걸어본 곳은 딱 두 군데예요. 바로 지구와 달이지요.

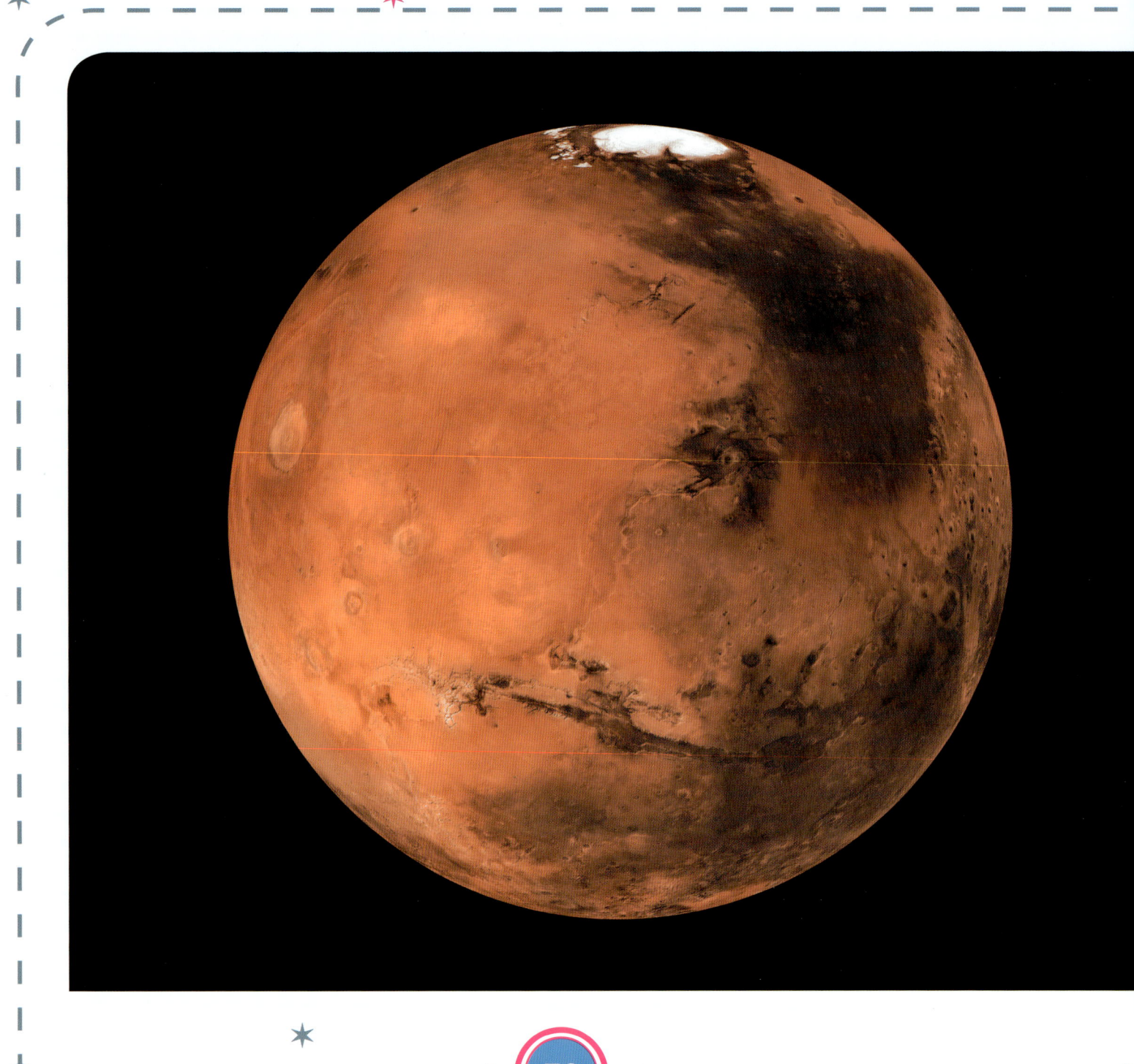

화성 Mars

화성은 태양에서부터 네 번째에 있는 행성이고, '붉은 행성'이라고도 불러요. 붉은 바위와 먼지가 표면을 덮고 있어서 그런 별명이 붙었어요.

오래 전에 화성에는 바다와 흐르는 물이 있었어요. 지금은 표면에 얼음(고체 상태의 물)이 조금 있지만, 마실 수 있는 액체 상태의 물은 없어요. 화성은 지구보다 훨씬 추워요.

> 지구의 극지방인 북극과 남극은 얼어붙어 있어요. 화성의 극관도 그래요. 극관은 행성의 위쪽과 아래쪽에 넓게 얼음이 퍼진 지역을 말해요. 멀리서 보면 커다란 하얀 점처럼 보인답니다.

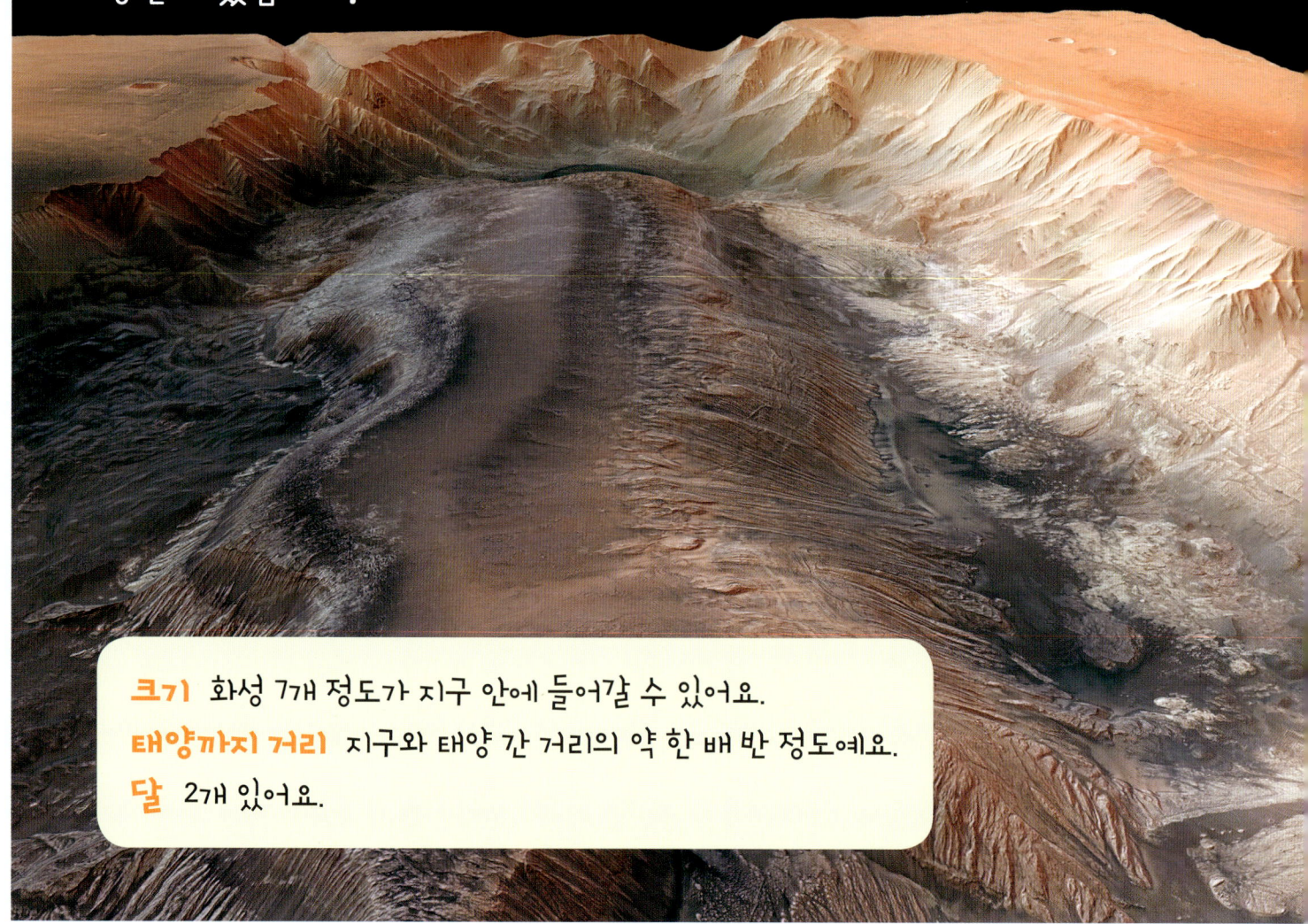

화성은 지구에 있는 사막처럼 생겼어요. 산과 계곡, 모래 언덕과 평원도 있답니다.

크기 화성 7개 정도가 지구 안에 들어갈 수 있어요.
태양까지 거리 지구와 태양 간 거리의 약 한 배 반 정도예요.
달 2개 있어요.

많은 **로봇 우주정**이 화성을 연구하고 있어요.

우주정은 지구 밖을 여행할 수 있는 이동 수단이에요. 어떤 우주정은 화성 둘레 궤도를 돌아요. 또 어떤 우주정은 이상한 작은 차처럼 생겼는데 화성 표면을 굴러다니며 정보를 수집해요.

소행성대 The Asteroid Belt

소행성은 바위 혹은 금속으로 이루어진 우주의 작은 물체예요. 물론 행성과 비교하면 아주 작아요. 하지만 여러분과 비교하면 크답니다!

소행성대에는 태양 궤도를 돌고 있는 수천만 개의 소행성들이 있어요. 소행성이 정말 많지요! 그렇지만 소행성대는 소행성들이 너무나 넓게 흩어져 있어서 대부분이 빈 우주 공간이랍니다.

그림으로 보는 소행성대

소행성을 모두 모아서 하나의 공으로 뭉쳐도 지구의 달보다 작을 거예요.

소행성대는 태양에서 가까운 암석으로 된 4개의 단단한 행성과 태양에서 멀리 떨어진 4개의 거대한 가스 행성들 사이에 자리 잡고 있어요.

대부분 소행성은 소행성대 안에 있지만, 어떤 소행성들은 태양에 더욱 가깝게 접근하고 있어요.

세레스에는 오래된 해저 화산과 액체 상태의 물이 표면 아래 깊은 곳에 있을 수도 있어요.

세레스 Ceres

세레스는 소행성대에서 가장 큰 소행성이에요. 하지만 달이나 다른 행성들보다는 훨씬 작아요. 세레스 2,500개가 지구에 들어갈 정도니까요.

세레스는 **왜행성**이기도 해요. 왜행성은 작은 행성과 같아요. 행성은 궤도에 비슷한 크기의 물체를 둘 수 없지만, 왜행성은 그럴 수 있어요! 세레스의 궤도에도 다른 소행성들이 있어요.

이 책의 뒷부분에서 또 다른 왜행성 이야기를 찾아보세요.

목성 Jupiter

목성은 태양에서부터 다섯 번째에 있는 행성이에요. 우리 태양계에서 가장 큰 행성이지요. 다른 행성들을 전부 모아서 목성 안에 넣을 수 있을 정도니까요!

목성은 네 개의 거대 행성 중 하나이며, 대부분 기체로 되어 있어요.

목성의 줄무늬는 여러 가지 색을 띠고 있어요. 줄무늬처럼 보이는 것은 사실 구름과 거대한 폭풍들이에요. 대적점(거대한 붉은점)이 가장 큰 폭풍이에요. 이건 수백 년 동안 지속되는 거대한 허리케인과 같다고 보면 돼요.

목성에는 큰 달이 4개가 있고, 작은 달은 아주 많아요. 목성의 달인 '가니메데'는 태양계에서 가장 큰 달로, 수성보다도 커요.

목성과 그 달들은 아주 춥답니다. 태양에서 먼 행성일수록 더 추워져요.

크기 아주 커요! 지구 1,300개 이상이 목성 안에 들어갈 정도예요.
태양까지 거리 지구와 태양 간 거리의 다섯 배 정도예요.
달 지금까지 79개가 발견되었어요.

토성 Saturn

토성은 태양에서 여섯 번째 행성이에요. 주로 기체로 되어 있어요.

토성은 그 둘레에 아름다운 고리가 있어요. 이 고리는 무엇으로 이루어져 있을까요? 바로 더러운 눈덩이들이에요!

어떤 눈덩이들은 눈송이처럼 작아요. 하지만 어떤 것들은 버스보다도 크답니다.

토성의 달 타이탄은 태양계에서 두 번째로 큰 달이에요. 행성인 수성보다도 커요. 밤하늘에서 토성은 밝은 노란색으로 빛나는 별로 보여요.

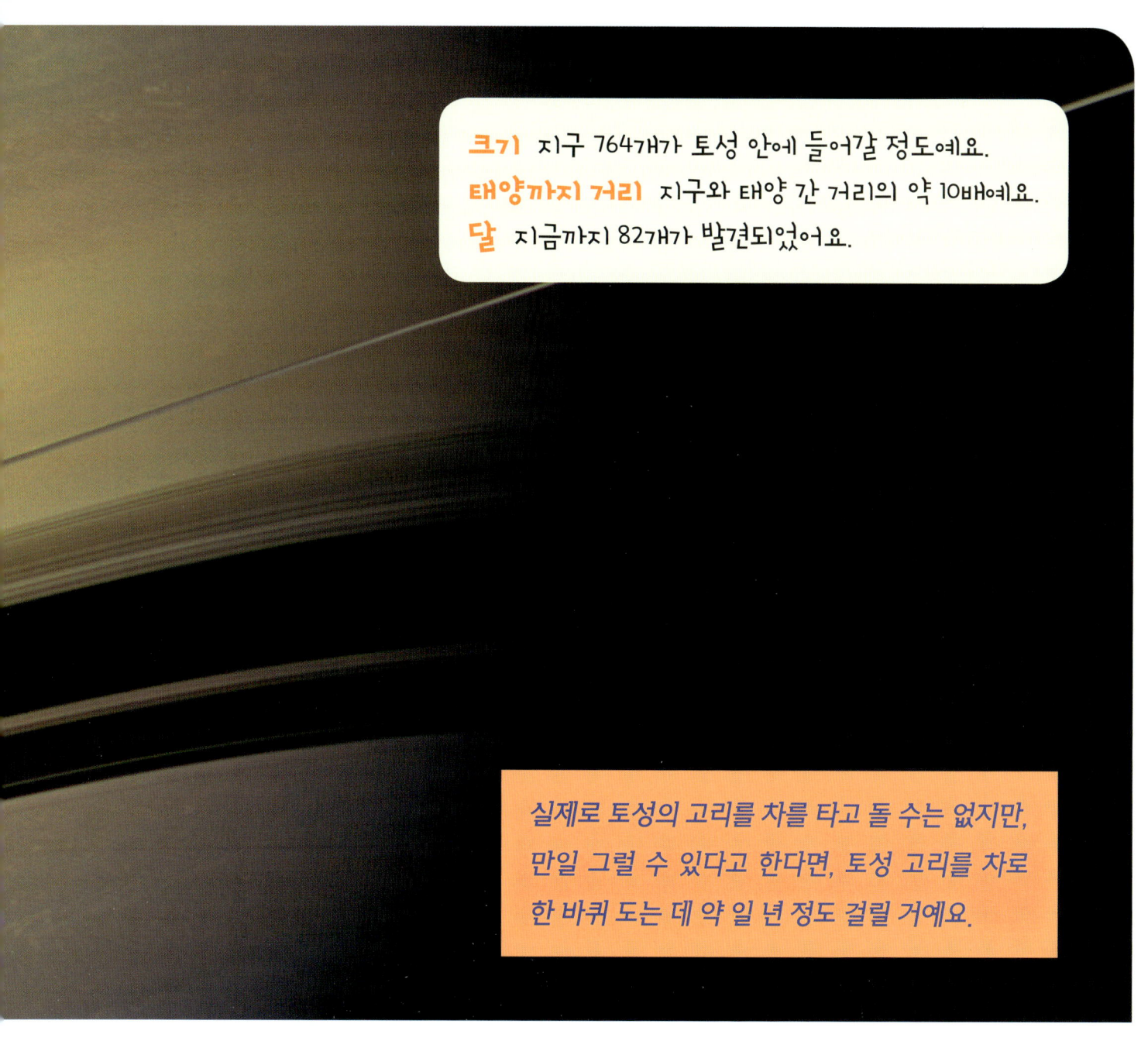

크기 지구 764개가 토성 안에 들어갈 정도예요.
태양까지 거리 지구와 태양 간 거리의 약 10배예요.
달 지금까지 82개가 발견되었어요.

실제로 토성의 고리를 차를 타고 돌 수는 없지만, 만일 그럴 수 있다고 한다면, 토성 고리를 차로 한 바퀴 도는 데 약 일 년 정도 걸릴 거예요.

천왕성 Uranus

천왕성은 태양에서 일곱 번째 행성이에요. 기체가 많은 거대 행성이지요. 천왕성에서는 표면을 딛고 설 수가 없어요.

천왕성은 푸른색이고, 다른 행성들에 비해서 옆으로 기울어져 있어요.

천왕성에는 거무스름한 13개의 고리가 있어요. 토성의 고리와는 달리 눈에 잘 보이지 않아요.

천왕성에서 하나의 계절은 지구의 햇수로 21년이에요. 21년 동안 겨울이라는 게 상상이 되나요? 아주 어두운 곳에 있다면, 밤하늘에서 육안으로 천왕성을 볼 수도 있어요. 그러나 보통 천왕성을 보려면 **망원경**이 있어야 해요. 망원경은 멀리 있는 것을 볼 수 있게 하는 도구랍니다.

그림으로 보는 천왕성

크기 지구 63개가 천왕성 안에 들어갈 수 있어요.
태양까지 거리 지구와 태양 간 거리의 약 19배예요.
달 지금까지 27개가 발견되었어요.

해왕성 Neptune

해왕성은 태양에서 여덟 번째 행성이에요. 기체가 대부분을 이루는 거대한 행성이지요.

여러 면에서 해왕성은 천왕성과 비슷해요. 해왕성은 천왕성보다 약간 작아요. 또, 천왕성과 해왕성은 푸른색을 띠는 거대 행성이기도 해요.

해왕성에는 고리가 몇 개 있어요. 하지만 잘 보이지는 않아요.

해왕성은 겨울 행성이랍니다. 태양계 그 어떤 행성보다 바람이 세게 불어요.

해왕성에는 달이 14개 있는데, 트리톤을 빼고는 다 작아요. 트리톤은 이상한 얼음으로 뒤덮여 있어요.

해왕성을 보려면 망원경이 있어야 해요. 육안으로 보기에는 너무 멀리 있기 때문이지요.

크기 지구 58개가 해왕성 안에 들어갈 수 있어요.
태양까지 거리 지구와 태양 간 거리의 약 30배예요.
달 지금까지 14개가 발견되었어요.

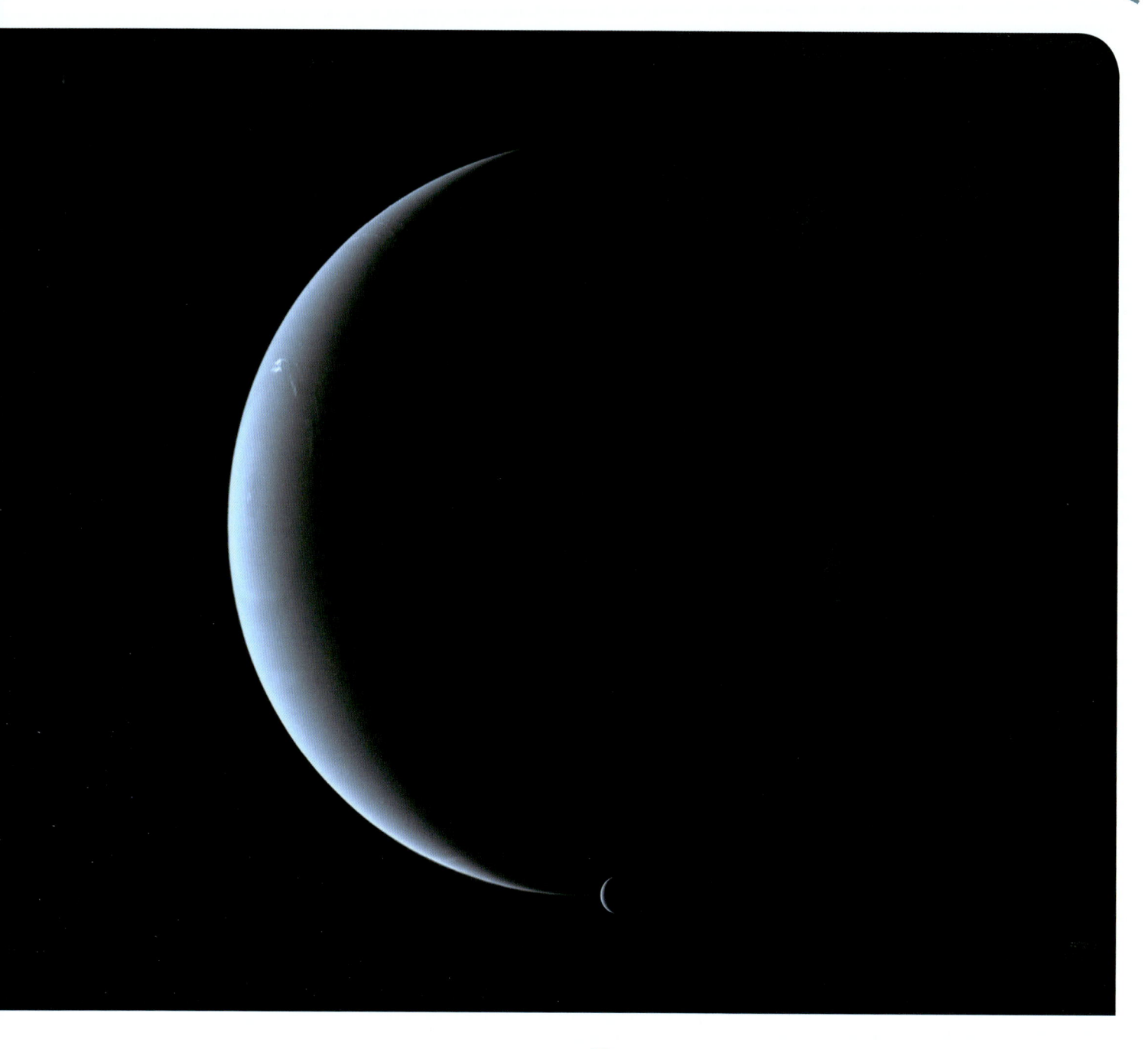

해왕성 너머의 행성들

해왕성을 지나서도 태양 둘레를 도는 물체들이 더 있답니다. 그 중 네 개는 왜행성들로 명왕성, 에리스, 하우메아, 마케마케예요.

해왕성 너머에는 왜행성들보다 작은 물체들도 있어요. 하지만 너무 멀리 떨어져 있어서 찾기가 힘들어요. 그러나 **천문학자**들은 더 많이 연구하며 찾아내고 있지요. 천문학자들은 행성과 항성 같은 지구 밖의 모든 것을 연구하는 사람들이에요.

그림으로 보는 왜행성들

명왕성은 지구의 달보다도 작아요.

명왕성 Pluto

명왕성은 태양에서부터 해왕성보다도 멀리 있는 왜행성이에요. 붉그스름하며, 아주 춥고 얼음으로 뒤덮여 있어요. 약간의 대기도 있어요. 즉, 명왕성을 둘러싸고 있는 기체가 약간 있다는 소리예요.

명왕성에는 5개의 달이 있어요. 그중 카론이 가장 커요. 카론은 반경이 명왕성의 절반 정도랍니다.

명왕성의 영어 이름은 '플루토'로 로마 신화에 나오는 신의 이름이에요. 열한 살 소녀가 그 이름을 지었다고 해요.

그림으로 보는 명왕성

명왕성은 원래 행성으로 분류했었어요. 하지만 천문학자들이 명왕성과 크기가 비슷한 다른 물체들을 발견하면서 왜행성이라는 새로운 명칭을 만들었어요. 명왕성과 에리스는 알려진 왜행성 중에서 가장 커요.

크기 명왕성 154개가 지구 안에 들어갈 수 있어요.
태양까지 거리 지구와 태양 간 거리의 39배예요.
달 지금까지 5개가 발견되었어요.

Haumea · Makemake · Eris

하우메아·마케마케·에리스

왜행성인 하우메아, 마케마케, 에리스는 모두 해왕성 너머, 그리고 명왕성 저 너머 멀리에 있어요. 태양에서 아주 멀리 떨어져 있어서 몹시 춥고 얼음으로 뒤덮여 있지요. 이 왜행성들에는 모두 달이 있답니다.

하우메아는 정말 신기해요. 자전을 아주 빨리하는데, 그 모양이 꼭 축구공 같답니다.

지금까지 밝혀진 바로 하우메아는 고리가 있는 유일한 왜행성이에요.

그림으로 보는 하우메아

마케마케는 에리스와 하우메아보다 작아요.

그리고 명왕성처럼 불그스름해요.

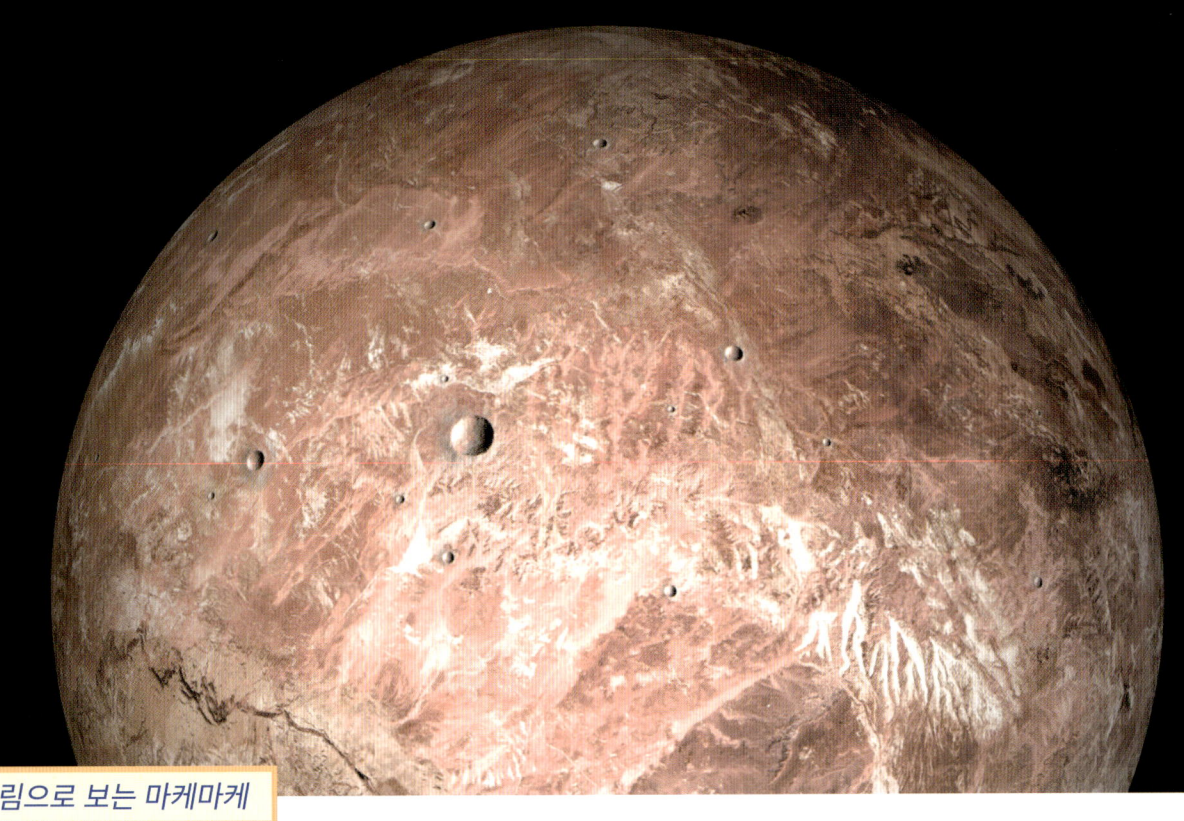

그림으로 보는 마케마케

에리스는 명왕성보다 약간 작아요. 하지만 에리스가 더 무겁답니다. 에리스가 명왕성보다 바위는 더 많고, 얼음은 적기 때문이에요. 앞으로 과학자들은 커다란 천체 망원경을 이용해서 왜행성들을 더 많이 찾아낼 거예요.

그림으로 보는 에리스

별과 우리

이 책은 시작일 뿐이에요. 우주에는 별들뿐만 아니라 신비롭고 재미있는 것들이 무궁무진하며 우리가 알아야 할 것은 아주 많답니다.

과학자들 역시 배워야 할 게 아주 많아요. 과학자들은 우주선과 커다란 천체 망원경을 가지고 매일 별들을 연구하며 더 많이 알아가고 있어요. 혹시 어른이 되어서 별들을 연구하고 싶나요?

그렇다면 꾸준히 별들에 대해 배우면서 즐겨 보세요!

거대 행성: 주로 기체로 이루어진 아주 큰 행성. 우리 태양계에는 거대 행성이 네 개 있다. (목성, 토성, 천왕성 그리고 해왕성)

궤도: 행성 혹은 달 등이 다른 물체 주변을 돌면서 따라가는 길이다. (태양 둘레를 도는 지구의 궤도는 거의 원형이다.) 또한, 다른 물체 주변을 도는 행위이다.

기체: 고체나 액체가 아닌 것. 풍선은 기체로 채워지고, 사람은 기체를 들이쉬고 내쉰다.

달: 행성처럼 보다 큰 물체 주변을 도는 물체로 위성이라고도 한다. 지구의 위성은 달이다.

대기: 행성, 달 혹은 다른 물체를 둘러싸고 있는 기체. 기체에는 우리가 숨을 들이쉬고 내뱉는 기체와 풍선을 채우는 기체 등이 있다.

망원경: 멀리 떨어진 것을 보는 데 도움이 되는 도구

붙박이별(항성): 뜨겁게 타오르는 기체의 거대한 덩어리이다. 태양은 붙박이별이다.

소행성: 바위나 금속으로 구성된 우주 속 작은 자연물

왜행성: 왜행성은 작은 행성으로, 태양 주위를 도는 둥근 물체들이다. 다른 물체 주위는 돌지 않으며, 행성과 달리 그 궤도에 크기가 비슷한 물체가 있다. 왜소행성이라고도 한다.

우주정: 지구 밖을 운행하는 탈 것

천문학자: 지구 밖의 모든 것을 연구하는 사람

태양계: 태양계는 그 중심에 태양이 있고, 행성과 왜행성 그리고 태양 주변을 도는 다른 물체들이 있다.

태양계 천체: 행성, 왜행성, 소행성을 포함해 태양 둘레를 도는 것 전부를 말한다.

하루(1일): 행성 하나가 제자리에서 한 번 도는 데(자전) 걸리는 시간이다.

한 해(1년): 행성이 태양 둘레를 다 도는 데 걸리는 시간이다. 지구년 1년은 대략 365일이다.

행성: 태양 주변을 도는 커다란 공 모양의 물체로 다른 물체 둘레는 돌지 않는다. 행성은 그 궤도에 비슷한 크기의 물체가 없다. 지구를 포함해서 태양 둘레에는 여덟 개의 행성이 있다.

지은이

브루스 베츠 박사

브루스 베츠 박사는 행성 과학자이자 사람들에게 행성, 우주 그리고 밤하늘에 대해서 재미있고 즐겁게 가르치는 것을 좋아하는 어린이 책 작가이다. 《어린이를 위한 천문학 - 쌍안경, 망원경을 가지고 혹은 육안으로 우주를 탐험하는 법》, 《우주에 관한 멋진 사실들 - 어린이를 위한 재미가 가득한 우주 책》, 《가상 체험 우주탐험가 - 타이탄의 검은 고양이》를 썼다.

그는 세계에서 가장 큰 우주 단체인 행성협회의 수석 과학자이자 라이트세일 프로그램의 담당자이다. 스탠포드 대학교에서 학사 및 석사 학위를 받았고, 캘리포니아 공과대학교에서 행성 과학으로 박사 학위를 받았다. 캘리포니아 공과대학교 행성과학연구소에서 행성 표면에 대한 적외선을 연구했다. 나사(NASA) 본부에서는 행성 탐사용 도구 개발 프로그램을 운영했다.

트위터 @RandomSpaceFact
페이스북 facebook.com/DrBruceBetts
홈페이지 RandomSpaceFact.com

조이스 박

영어를 가르치고 영어책을 쓰며 살고 있다. 천문대에서 일하는 사람과 결혼하는 꿈을 이루지는 못했지만, 별과 행성에 대한 책을 옮겨서 기쁘게 생각한다.

영어 강의, 영미 문화 강의, 그림책 강의, 영어 교강사 연수 강의를 하며, 에세이집을 쓰고 칼럼도 쓰며 활발히 활동 중이다. 지은 책으로는《하루 10분 명문 낭독 영어 스피킹 100》,《내가 사랑한 시옷들》,《처음 만나는 그리스 로마 신화》 등 십여 권이 있으며, 역서로는《달님이 보여준 세상》,《로버랜덤》,《2가지 언어에 능통한 아이로 키우기》 등이 있다.

나의 첫 번째
행성 이야기
어린이를 위한 태양계의 모든 것

초판 1쇄 발행 2021년 4월 19일
초판 10쇄 발행 2025년 12월 15일

지음 브루스 베츠
옮김 조이스 박
펴낸이 박수길
펴낸곳 (주)도서출판 미래지식
디자인 이상랑

주소 경기도 고양시 덕양구 통일로 140 삼송테크노밸리 A동 3층 333호
전화 02)389-0152
팩스 02)389-0156
홈페이지 www.miraejisig.co.kr
전자우편 miraejisig@naver.com
등록번호 제 2018-000205호

* 이 책의 판권은 미래지식에 있습니다.
* 값은 표지 뒷면에 표기되어 있습니다.
* 잘못된 책은 구입하신 서점에서 바꾸어 드립니다.

ISBN 979-11-91349-05-4 73440

* 미래주니어는 미래지식의 어린이책 브랜드입니다.

나의 첫 번째 과학 이야기

나의 첫 번째 행성 이야기

태양계 각 행성의 특징과 크기, 태양까지 거리, 표면의 모습 주변을 도는 달의 수까지 신비로운 우주의 모습을 관찰할 수 있다.

브루스 베츠 지음 | 조이스 박 옮김 | 72쪽

나의 첫 번째 지구 이야기

우주에서 바라보는 지구의 모습을 관찰하고, 지구의 내부와 표면에 나타나는 여러 현상을 통해 경이로운 자연의 신비를 엿본다.

스테파니 만카 쉬틀러 지음 | 박은진 옮김 | 72쪽

나의 첫 번째 바다 생물 이야기

산초초부터 거대한 고래까지 바다에서 사는 생물들을 자세히 알아보고 생생한 사진과 설명을 통해 해양동물에 대한 호기심을 키운다.

진저 L. 클라크 지음 | 박은진 옮김 | 72쪽

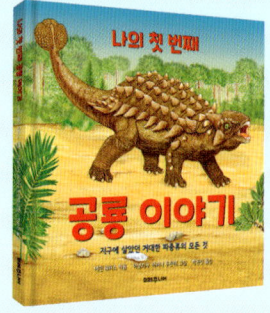

나의 첫 번째 공룡 이야기

아주 먼 옛날 지구의 주인이었던 공룡들의 멋진 모습과 신기하고 재미있는 그들의 모습을 친근감 있는 일러스트와 함께 만나본다.

에린 워터스 지음 | 아날리사 · 마리나 두란테 그림 | 박은진 옮김 | 72쪽

나의 첫 번째 상어 이야기

거대한 백상아리와 긴코톱상어 등 전 세계 상어를 생생한 사진으로 마음껏 관찰하며, 상어의 특성과 놀라운 진실도 함께 찾아본다.

버즈 비숍 지음 | 박은진 옮김 | 72쪽

계속 출간될 예정이에요!